Género Ficción realista

¿? Pregunta esencial

¿Qué aprendemos de las culturas a través de las tradiciones?

Una comida especial

Paul Mason

ilustrado por Courtney Autumn Martin

CAPÍTULO 1

Cambio de planes

Estela saltó de la cama y se vistió rápidamente. Estaba ansiosa por la fiesta en la piscina de su amiga Vicky. Su casa estaba al final del sendero del bosque. Iban a nadar y a comer una barbacoa. Todos sus amigos iban a estar allí.

Estela bajó las escaleras corriendo y luego se detuvo. Su mamá estaba poniendo el mejor mantel en la mesa del comedor. El preciado mantel de Puebla. Solo lo usaban para celebrar acontecimientos especiales.

—Te levantaste temprano —dijo su madre—. Genial, puedes ayudarme a preparar el banquete familiar.

Estela se sintió afligida.

—Pero hoy iba a ir a casa de Vicky —dijo Estela.

—Te recordé ayer que vendrían la tía Carmen, el tío Felipe y los abuelos —dijo moviendo la cabeza.

—¿De verdad tengo que estar aquí? —preguntó Estela.

—Sé que es una desilusión —dijo su mamá—. Pero lo primero es la familia, así que tendrás que avisarle a Vicky.

—Puedes ayudar a la tía Carmen en la cocina —dijo la mamá—. Será una gran comida. Hay mucho que hacer.

“Preferiría ir a una fiesta en la piscina”, pensó Estela.

AHORA COMPRUEBA

¿Qué problema tiene Estela?

CAPÍTULO 2

Tareas en la cocina

Llegaron la tía Carmen y el tío Felipe. Traían muchas bolsas. La tía Carmen abrazó a Estela y le dijo que había crecido mucho. Estela miraba hacia abajo.

Detective del lenguaje	¿Cuál es el sujeto de la oración subrayada?

—Tenemos mucho que hacer en la cocina —dijo la tía Carmen—. Haré mole poblano. Necesitaré tu ayuda.

Estela pensaba en la fiesta en la piscina y suspiró profundamente.

Estela ayudó a la tía Carmen a sacar las cosas de las bolsas. Había chiles, nueces, cebollas, ajo, muchas especias y chocolate.

También vio otras cosas que no conocía.

Había muchos ingredientes. Estela se preguntaba cómo podían mezclarse todos en una salsa.

—¿Cómo aprendiste a hacer esta salsa? —preguntó Estela.

—Es una receta familiar —dijo la tía Carmen con orgullo—. La aprendí de mi madre, que era una gran cocinera. Yo la vigilaba. Me encantaba ayudarla en la cocina.

AHORA COMPRUEBA

¿Por qué la comida que preparan es especial?

CAPÍTULO 3

Cómo preparar el mole

La tía Carmen puso especias en un tazón. Estela tenía que molerlas.

—Esa era mi tarea cuando era niña —dijo la tía Carmen—. Todos los domingos, teníamos cenas familiares. Era una tradición hacer esta salsa. —Miró a Estela—. Y yo siempre hacía lío.

Se echó a reír. Y Estela también.

Pronto la espesa salsa marrón se estaba cocinando. Olía bien. La tía Carmen tomó una cucharada y se la dio a probar a Estela.

—Mmm —dijo Estela—. Esto sabe delicioso. Hacer mole es divertido.

Sonó el timbre. El abuelo y la abuela habían llegado al hogar. El abuelo se asomó, dijo que la cocina olía bien y le preguntó a Estela si había ayudado.

—Ella hizo casi todo —dijo la tía Carmen.

Estela sonrió y se sonrojó.

Detective del lenguaje	¿Cuál es el predicado de la oración subrayada?

Cuando se sentaron a comer, la mesa estaba llena de comida. Había ensaladas, frijoles y platos de arroz y pavo. Todos sonreían y reían. Estaban felices de estar juntos en su morada.

AHORA COMPRUEBA

¿Cómo se siente Estela ahora?

CAPÍTULO 4

La mejor parte

—¿Dónde está el mole poblano? —preguntó el abuelo.

Estela quería traer el mole, pero no se animaba a cargar el pesado plato.

—Yo lo traeré —dijo la mamá.

Estela observaba cómo se servían cucharadas de salsa en sus platos.

—¡Delicioso! —dijo el abuelo mientras todos lo probaban.

Los demás asintieron. Estela miró alrededor de la mesa. Todos estaban muy contentos. Se alegró de haberse quedado. Esto era mejor que una fiesta en la piscina. Disfrutó de ayudar a la tía Carmen. Y ahora sabía cómo preparar un plato que su abuela solía hacer. ¡Eso era genial!

AHORA COMPRUEBA

¿Qué aprendió Estela ese día?

Respuesta a la lectura

Resumir

Usa detalles de *Una comida especial* para resumir el cuento.

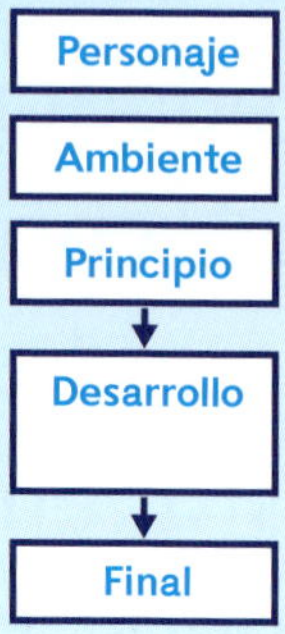

Evidencia en el texto

1. ¿Cómo sabes que este cuento es de ficción realista? **Género**

2. ¿Qué le sucede a Estela al principio del cuento? **Secuencia**

3. Busca la palabra *delicioso* en la página 11. ¿Qué palabras y frases te ayudan a descubrir su significado? **Claves de contexto**

4. Escribe sobre cómo se sintió Estela cuando su familia comió el mole. **Escribir sobre la lectura**

Género **Texto expositivo**

Compara los textos

Lee acerca de la salsa de mole.

El mole poblano

¿Le pondrías chocolate al pollo? ¿Crees que tendrá un sabor extraño?

El mole es una salsa. El chocolate es uno de los ingredientes. También lleva pimientos, nueces, cebolla, tomate, ajo y especias. En realidad, el mole podría tener 100 ingredientes distintos.

Monkman/Photodisc/Getty Images

El mole poblano es una de las comidas más famosas de México. Es un símbolo de su cultura. Hay muchas formas distintas de prepararlo. Muchas familias tienen su propia receta. La transmiten de padres a hijos.

El chocolate, que se hace con cacao, no es dulce si no se le añade azúcar.

Lleva tiempo preparar el mole. Tiene muchos ingredientes que deben estar bien molidos. Se agregan a la preparación en forma de polvo fino. Luego hay que cocinar la salsa. Tarda horas hasta en estar lista.

El mole es una comida para ocasiones especiales. Se prepara cuando hay una boda, una fiesta o una gran celebración.

Haz conexiones

¿Qué has aprendido de la cultura mexicana al leer sobre la tradición del mole? **Pregunta esencial**

¿Qué tradiciones has conocido a partir de la lectura de *Una comida especial* y "El mole poblano"? **El texto y otros textos**

(l to r, t to b) Image Source/PunchStock, Ingram Publishing/SuperStock, StockByte/Getty Images, Jupiterimages/FoodPix/Getty Images, Burke Triolo Productions/Artville/Getty Images, D. Hurst/Alamy, Tetra Images/Getty Images, Author's Image/PunchStock.

Enfoque:
Estudios Sociales

Propósito Comprender qué papel cumplen las tradiciones en una cultura

Procedimiento

Paso 1 Elige una comida especial que sea tradicional en una cultura que conozcas o sobre la que puedas investigar.

Paso 2 Haz un cartel en el que muestres esa comida especial y los ingredientes necesarios para prepararla.

Paso 3 Escribe un texto breve que explique cuándo y cómo se prepara la comida. Explica por qué es especial para esa cultura.